AF564139

788

UN MOT SUR LA MARINE.

UN MOT
SUR LA QUESTION DES SUCRES.

PAR M. GOURBEYRE,

CAPITAINE DE VAISSEAU.

(EXTRAIT DES ANNALES MARITIMES ET COLONIALES DE 1839.)

225
Lf 40

SE VEND A PARIS,

AU PROFIT DES MARTINIQUAIS,

Chez BACHELIER, quai des Augustins.

PRIX, 50 centimes.

UN MOT SUR LA MARINE.

UN MOT
SUR LA QUESTION DES SUCRES.

Le nombre des gens de mer inscrits, y compris les maîtres et les ouvriers de diverses professions, est inférieur à 52,000, et sur ce nombre nous comptons à peine 37,000 hommes susceptibles de servir utilement sur la flotte.

Telle est la source où puisent à la fois les armements du commerce et le recrutement de l'armée navale.

Il faut le dire, une population maritime aussi restreinte ne saurait suffire aux besoins, aux exigences d'une grande guerre.

Quoi qu'on ait pu faire jusqu'à ce jour pour accroître notre population maritime, elle est restée stationnaire. Pourquoi? Parce que, en attirant dans les classes de nouveaux inscrits, on a négligé de leur assurer du travail. On comprend en effet que, la somme de travail ne variant pas, ce serait bien en vain qu'on appellerait des hommes nouveaux, et que toujours et partout les nouveaux venus ne trouveraient place qu'au détriment des anciens, comme cela se passe sous nos yeux depuis longtemps. C'est tourner dans un cercle vicieux.

C'est en donnant de l'extension à notre navigation, c'est en multipliant les armements maritimes que nous multiplierons le nombre des hommes appelés à manœuvrer nos vaisseaux. C'est vers ce but que nous devons tendre sans cesse, si nous voulons être une puissance maritime.

Disons encore, car on ne saurait trop insister sur ce point, disons que la population maritime, tendant toujours à se mettre en rapport avec les besoins de la navigation, doit augmenter ou diminuer comme le travail offert à son activité. Chez nous, elle est stationnaire depuis longtemps, parce que depuis longtemps les besoins de nos ports ont peu varié; et aujourd'hui, sous le rapport du nombre, je le dis à regret, elle répondrait mal peut-être à l'attente du Gouvernement si elle était immédiatement appelée à jouer un rôle dans cette lutte de l'Orient contre l'Occident; lutte qu'il faut prévoir, et à laquelle on devrait se préparer sérieusement.

Trente-sept mille hommes! et derrière cela rien, ou rien que des non-valeurs: voilà la principale ressource offerte à la marine militaire pour son recrutement. C'en est assez peut-être, au début d'une guerre, pour fournir aux premiers armements et pour porter les premiers coups; mais quand, plus tard, il faudra combler le déficit que le feu de l'ennemi et les accidents de mer amèneront nécessairement dans nos équipages, que trouvera-t-on? Des soldats, oui; mais des hommes de mer, point, et nos escadres ainsi recrutées, comme au temps de nos désastres, ne justifieront plus la confiance du pays; et, comme par le passé, l'armée de mer recueillera, pour prix de ses services, la défaveur de l'opinion publique.

Il y aurait beaucoup à dire sur la fatale imprévoyance qui a pu amener cet état de choses; mais bornons-nous à signaler,

1° Les causes de décadence de notre marine;

2° Les moyens de prévenir sa ruine, et d'accroître sa force autant que peuvent le permettre nos ressources.

Causes de décadence.

Dans le passé et jusqu'à nos jours, nous voyons qu'en France on ne s'est jamais bien sérieusement occupé de la marine qu'au moment du besoin. Négligée pendant la paix, à peu près oubliée durant nos luttes continentales, elle n'eut vraiment quelque importance que dans les guerres maritimes; mais, la guerre terminée, on s'empressait de désarmer, et les matelots, rentrés dans leurs familles, allaient offrir leurs services aux armateurs des ports du commerce. Qu'arrivait-il alors? L'expérience nous l'apprend: ces hommes ne trouvaient pas tous de l'emploi dans la navigation marchande; une partie allait à l'étranger continuer un métier qu'ils ne pouvaient plus exercer dans leur pays; d'autres, renonçant à leur profession, allaient demander à la terre des ressources que la mer cessait de leur offrir. Ce que nous avons vu, nous le voyons encore, et il en sera toujours ainsi tant que la marine de l'État et la marine du commerce n'emploieront pas tous les inscrits. Telle est la cause qui a le plus contrarié les progrès de notre population maritime, dont la force numérique est à peu près encore ce qu'elle était du temps de Colbert.

Rester stationnaire quand tout le monde avance, c'est reculer: mais où s'arrêtera pour nous ce mouvement rétrograde?

Le service et le commerce ensemble n'occupent pas constamment nos 52,000 marins inscrits. Près de 10,000 sont restés à terre en 1837: ce fait, qui se reproduit chaque année, mérite d'être pris en sérieuse considération.

Mais ce défaut d'emploi sera bien plus sensible encore,

1° Quand la navigation par la vapeur, remplaçant chez nous le cabotage, déjà menacé par la multiplication des canaux et des chemins de fer, laissera sans travail et sans pain 17,000 matelots, sans parler de ceux qui se livrent à la navigation intérieure;

2° Quand les progrès de la betterave, réduisant nos relations avec nos colonies et tous les pays à sucre, rendront inutiles les navires et les 5,000 marins qui chaque année apportent en France cette denrée, dont la consommation croissante favorisait à la fois notre navigation et notre industrie, et dont bientôt l'absence sur nos marchés sera cruellement sentie dans nos manufactures comme dans nos ports;

3° Quand, la ruine des colonies françaises fermant aux produits de notre pêche maritime leur plus utile débouché, ce sera pour les ports une nécessité de restreindre leurs armements, et de mettre à terre une grande partie de ces hommes que l'on considère avec raison comme la pépinière de nos matelots, et qui à ce titre n'ont pas toujours assez excité la sollicitude de nos hommes d'État;

4° Quand enfin, poussant les choses à l'extrême, nous aurons obtenu de notre sol tout ce qu'il peut produire, et borné ainsi nos communications avec l'étranger à l'échange de quelques matières premières, dont le transport occuperait peu de navires et peu de bras.

Nous n'examinerons pas si toutes ces causes, qui tendent à diminuer nos rapports avec les autres peuples, n'auraient pas un jour pour effet de nous ramener à l'état de barbarie : un autre danger plus prochain, sinon plus réel, nous préoccupe en ce moment. Le recrutement de l'armée navale est grandement compromis : le mal est grave, et il est temps d'y porter remède, si nous voulons conserver notre rang parmi les puissances maritimes.

Moyens de prévenir la ruine de notre marine et d'accroître sa force.

Dans ce pays, où l'intérêt privé l'emporte trop souvent sur l'intérêt public méconnu, on ne verra peut-être pas sans peine de nouveaux sacrifices imposés à la nation dans le but d'accroître une force navale dont, malheureusement, l'importance n'est pas assez généralement sentie. Ici des résistances sont à craindre; elles seront nombreuses; elles seront vives : le Gouvernement en triomphera-t-il? notre puissance navale succombera-t-elle dans ce fâcheux conflit? Telles sont les questions soumises aux représentants de la France.

Espérons que ce grand débat n'aura pas pour résultat la perte, l'anéantissement de notre marine; et dans cette confiance recherchons, indiquons les moyens d'accroître sa force, disons quelles doivent être les conditions de son existence.

Nous l'avons dit déjà, si l'ouvrier accourt là où l'ouvrage abonde, là où l'ouvrage manque l'ouvrier s'éloigne; et dans ce cas le matelot, qui vit de son travail comme le charpentier et le maçon, ira demander à la terre le pain que la mer lui refuse. De là résulte une cause de déclassement, une cause fatale d'affaiblissement pour l'inscription maritime, ressource principale, ressource presque unique de notre recrutement. C'est donc une nécessité pour nous, pendant la paix, de tenir en haleine toute notre population maritime, si nous voulons la retrouver au moment de la guerre. C'est encore une nécessité d'élargir le champ ouvert à son activité, si nous voulons accroître la

BIBLIOTHÈQUE ROYALE I

nombre des hommes appelés à l'exploiter. C'est ainsi, et seulement ainsi que nous pouvons avoir une marine; et dans ce but l'État doit faire ce que le commerce ne peut plus faire aujourd'hui, il doit assurer de l'emploi à tous les marins inoccupés, il doit même en lever assez pour faire naître le besoin d'admettre des hommes nouveaux dans les classes.

Mais quelle part la marine marchande prendra-t-elle dans cette obligation d'assurer en tout temps du travail à notre population maritime?

Notre navigation marchande, malgré les droits protecteurs, lutte difficilement avec la navigation étrangère; nos propres bâtiments font à peine les $\frac{40}{100}$ des transports auxquels donnent lieu nos échanges avec les autres nations, tandis que chez les Anglais et les Américains les $\frac{75}{100}$ du commerce maritime se font par les navires nationaux; enfin notre cabotage, sérieusement menacé par l'établissement des communications intérieures, occupera peu de matelots quand les bateaux à vapeur auront remplacé les bâtiments à voiles. Un tel état de choses ne permet guère de compter sur le concours des armements particuliers, pour favoriser par un accroissement d'activité l'accroissement de cette classe d'hommes, sans lesquels ce serait bien en vain que nous posséderions ces beaux vaisseaux, ces redoutables citadelles, l'admiration de nos rivaux. Mais si, en France, on a souvent contesté les avantages d'une force navale, le Gouvernement, il faut le dire, n'a jamais méconnu son importance, et sa sollicitude à cet égard s'est assez clairement manifestée par les encouragements accordés aux grandes pêches, encouragements qui ont moins pour objet d'ajouter à la richesse du pays, que de retenir dans les liens de l'inscription nos gens de mer, en leur assurant l'exercice d'un métier qui doit nourrir leur famille. Le moment est venu d'étendre ces faveurs, si nous voulons que le cabotage soutienne la concurrence de la vapeur, si nous voulons que nos navires prennent une plus large part dans notre commerce maritime, presque livré à l'étranger. C'est un moyen dont nous n'hésitons pas à proposer l'adoption, parce que, dans le but que nous avons en vue, il doit être fécond en bons résultats.

Un autre moyen, dont l'application est facile, et qui n'ajouterait point aux charges du trésor, c'est de reviser notre acte de navigation (du 21 septembre 1793); c'est d'abroger son article 2, *qui permet d'employer les étrangers jusqu'à concurrence d'un quart, dans les équipages des bâtiments de commerce.* On a droit de s'étonner de trouver une semblable disposition dans une loi qui devait avoir pour objet d'étendre notre navigation et d'accroître notre population maritime. Il est temps de mettre un terme à cet abus; il est juste de réserver exclusivement aux nationaux les armements du commerce comme les armements de l'État, si l'on veut prévenir des déclassements qui ont pour cause le défaut de travail plutôt que le dégoût de la mer.

Abordons la question des sucres.

Pas de colonies, pas de marine, a-t-on dit : faut il entendre par là qu'une marine cessera d'être nécessaire à la France dès que nos rapports avec nos colonies auront cessé? Non, sans doute, car dans ce cas une force navale serait encore utile pour compléter la défense de nos frontières maritimes, pour protéger notre commerce maritime, qui s'élève à plus *d'un milliard*, et pour faire respecter le nom français là où nos bataillons ne sauraient atteindre. Mais, on ne peut le méconnaître, la marine ne sera plus possible en France, quand son recrutement, déjà mal assuré, verra s'anéantir dans le désastre colonial ses dernières et ses plus précieuses ressources. On a donc raison de dire que pour la France *il n'y a pas de marine sans colonies.*

Laissant aux malheureux colons le soin de défendre leurs droits, nous n'examinerons point ici s'il est juste de violer à leur égard, dans ce qui leur est favorable, et sans dédommagement, le contrat qui les lie à la métropole; mais nous demanderons si l'industrie nouvelle, qui a causé leur ruine, peut nous offrir les avantages que nous trouvions dans nos relations avec nos colonies.

Nous demanderons,

1° Si les planteurs de betteraves conserveront ce vaste débouché par lequel s'écoulait chaque année pour 60 millions de produits de notre sol et de nos manufactures?

2° S'ils peuvent assurer au fisc un impôt de 34 millions qu'acquittait le sucre de canne?

3° S'ils peuvent enfin réparer le préjudice qu'apporte au recrutement de l'armée navale la cessation de nos rapports avec les pays à sucre?

A ces questions, on ne peut répondre que par la négative, et l'on ne conçoit pas qu'on ait pu sacrifier à cette nouvelle culture, avec les intérêts de notre industrie, les intérêts du trésor, et le présent, et l'avenir de notre puissance maritime.

Le gouvernement anglais fut mieux avisé quand il répondit aux demandes qui lui en furent faites :

« Qu'on était libre de planter des betteraves; mais que le « sucre qui en proviendrait serait imposé comme le sucre colo« nial, parce que l'un et l'autre étaient également anglais. »

Chez nous, où les questions de marine sont rarement bien

comprises, on n'a pas su prévoir l'avenir de la betterave; et maintenant ses produits encombrent nos marchés, où pénètre bien difficilement le sucre de canne, écrasé par d'énormes droits; et aujourd'hui, le seul remède efficace au mal que nous avons signalé, il est pénible de le dire, c'est d'arracher la betterave de nos champs, c'est de fermer les établissements auxquels elle a donné naissance. On dit que 60 millions suffiraient pour indemniser les propriétaires de toutes ces usines; il serait heureux qu'à ce prix on pût prévenir la ruine de nos colonies et l'anéantissement de notre marine.

Ceux qui, en France, soutiennent la cause du sucre indigène, opposent à leurs adversaires plusieurs raisons, dont il convient de peser la valeur.

Prévoyant qu'un jour nos colonies émancipées, ou séparées de nous par la guerre, cesseront de nous envoyer leurs produits, ils considèrent comme un grand avantage de pouvoir demander à notre sol l'une des plus nécessaires de ces denrées que nous allons chercher au delà des mers.

Mais est-il bien certain que nos colonies émancipées deviendraient improductives? nous ne le pensons pas, et il serait facile de démontrer que ces terres ne deviendraient pas stériles, par cela seul qu'elles auraient passé des mains de l'agriculteur esclave aux mains de l'agriculteur affranchi.

Mais est-il bien certain que la guerre, en supposant qu'elle amenât la perte de nos colonies, ou qu'elle suspendît nos communications avec elles, empêcherait le sucre colonial d'arriver dans nos ports? Cette crainte paraît peu fondée, quand on se rappelle l'empressement des neutres à approvisionner nos marchés, dans les circonstances où nos propres navires cessaient de pourvoir à nos besoins.

C'est donc sans motif sérieux et sans utilité pour la métropole que, dans la lutte des deux intérêts aujourd'hui en présence, on sacrifierait les colonies, et avec elles notre puissance navale.

Vainement dira-t-on que nos colonies, si elles cessaient de fournir du sucre à la France, trouveraient une suffisante compensation dans d'autres cultures. Plusieurs causes s'y opposent, et on peut les apprécier :

1° Ce passage d'un système à l'autre ne s'effectuerait pas sans occasionner une perte énorme aux planteurs, qui possèdent un immense matériel, aujourd'hui indispensable à leur industrie, mais inutile à d'autres exploitations.

2° Les terres qui cesseraient de produire la canne ne donneraient pas immédiatement les denrées qui devraient remplacer sur nos marchés le sucre d'outre-mer; le café, par exemple, ferait attendre sa première récolte plusieurs années, pendant lesquelles les propriétaires seraient privés de leur revenu.

3° D'ailleurs, là où prospère la canne, le café et le coton réussissent mal; et pourtant, dans la pensée de ceux qui ont indiqué ce moyen de soulager de grandes infortunes, c'est sur le coton et le café qu'on a dû compter.

4° Enfin, si, par impossible, ce changement s'effectuait, ces denrées, qui ne seraient plus en rapport avec les véritables besoins de la consommation, seraient frappées de cette défaveur qui s'attache à la *marchandise offerte*, et resteraient invendues sur nos places.

De telles considérations n'ont pas besoin de commentaire.

Parlerons-nous de la résistance que (en 1828) les représentants de la cause coloniale opposèrent à l'abaissement du droit sur le sucre exotique? Cette réduction, dont l'objet n'était pas assurément de favoriser l'étranger, aurait eu pour effet d'étouffer à sa naissance la fabrication du sucre indigène, et on eut grand tort de l'empêcher; mais si les colons purent alors méconnaître à ce point leurs véritables intérêts, que dira-t-on des hommes qui, plus haut placés, pouvaient voir plus loin dans l'avenir, et qui, cédant à d'imprudentes réclamations, ont pu prendre la décision dont nous déplorons aujourd'hui les conséquences? Ne recherchons pas si cette faute fut le résultat de la faiblesse ou de l'imprévoyance; le mal existe, il faut y remédier.

Nous avons fait voir que le coton et le café ne peuvent remplacer utilement le sucre dans nos échanges avec les colonies. Nous en dirons autant de la soie, qui, si elle pouvait devenir pour les planteurs un objet de commerce d'une grande valeur, n'aurait pas les mêmes avantages pour notre navigation, qui ne vit que de *fret*, et qui ne trouverait pas un emploi suffisant pour ses navires dans le transport d'une telle marchandise. Mais ce qui est impossible pour les colonies n'est pas impraticable pour la métropole: nos terres, si elles cessaient de produire des betteraves, nous donneraient d'autres récoltes, et ce changement ne mettrait point en péril la prospérité du pays. Le Gouvernement, qui a pu dans un but purement fiscal soumettre la plantation du tabac à certaines restrictions, ne pourrait-il pas, usant du même droit, interdire une culture qui n'a pu prospérer qu'aux dépens de nos manufactures, de nos colonies et de notre puissance navale? Cette mesure terminerait heureusement le débat, si, en condamnant à l'inaction les 557 usines qui travaillent aujourd'hui, on accordait à leurs propriétaires une juste indemnité.

Dans l'intention de concilier les deux industries, on voudrait ouvrir un plus large débouché à leurs produits, on voudrait, en adoptant un chiffre de rendement au-dessous de la vérité, en favoriser, en stimuler l'exportation. Il y a de la bienveillance dans cette pensée, il y a de l'impartialité dans ce projet; mais n'est-ce point ajourner une question qu'on n'ose point aborder, une question dont l'intérêt maritime presse la solution?

La consommation annuelle du sucre en France, évaluée à 80 millions de kilogram., donne de l'emploi à 5,000 matelots; elle en emploierait 7,500, si, comme on l'assure, elle s'élevait réellement aujourd'hui à 120 millions; enfin, elle pourrait en occuper *dix mille*, si, comme on le présume, comme on l'espère, elle atteignait bientôt 160 millions, et si, il faut tout dire, cette denrée nous était apportée par nos propres navires, soit qu'elle vînt des possessions françaises, soit qu'elle vînt de l'étranger. Ces chiffres disent assez combien il importe à la marine de détruire sur nos marchés la concurrence du sucre indigène. C'est là, selon nous, dans l'intérêt national, la solution la plus utile qu'on puisse trouver à la question des sucres; et cette solution nous l'appelons de tous nos vœux, parce que nous y voyons un des moyens les plus efficaces de combattre les causes de décadence que nous avons signalées.

C'est donc,

1° En prohibant la culture de la betterave en France, et en indemnisant les fabricants de sucre indigène;

2° En repoussant absolument de nos marchés tous les sucres qui, français ou étrangers, n'y seraient point introduits par des navires français;

3° En abaissant les droits, et par conséquent le prix du sucre livré au consommateur, assez pour n'avoir point à c aindre la concurrence de la betterave cultivée en dehors de nos frontières.

C'est en réservant exclusivement à nos marins toutes les places, tous les emplois à la mer, que, aux termes de notre acte de navigation (du 21 sept. 1793), les étrangers peuvent leur disputer;

C'est en compensant, par quelques-unes de ces faveurs dont le Gouvernement dispose, les désavantages de notre position, que nous pouvons favoriser chez nous les développements de la navigation et l'accroissement de la population maritime.

Sans l'adoption de ces mesures, il ne faudrait plus compter sur la marine marchande, et, dans ce cas, l'État devrait appeler à son service tous ces hommes de mer que le commerce n'occuperait plus; il devrait donc,

1° Augmenter le nombre de nos armements;

2° Exclure de nos vaisseaux les hommes du recrutement (les conscrits); non que ces hommes soient inutiles : ce sont même de précieux auxiliaires pour le temps de guerre; mais ils tiennent inutilement, abusivement, en temps de paix, la place d'hommes plus précieux encore, la place des gens des classes, que nous considérons avec raison comme la partie intelligente, comme l'âme de nos équipages, et dont il importe d'augmenter le nombre par tous les moyens possibles;

3° N'admettre dans l'armement de nos vaisseaux que des hommes de guerre qui soient en même temps des hommes de mer; ne point céder à des soldats des places déjà trop rares pour nos matelots. Ces compléments d'équipage, pris dans l'armée de terre ou dans les régiments de marine, seraient tout au plus utiles en temps de guerre ; mais en temps de paix ils nuisent évidemment aux progrès, à l'augmentation du personnel inscrit.

Voilà, dans notre pensée, les moyens de conserver, d'améliorer ce qui existe; voilà à quel prix une force navale est possible en France.

CONCLUSION.

La population maritime, dans son état actuel, suffit à peine nos besoins en temps de guerre. Plusieurs causes, que nous avons fait connaître, doivent, si l'on n'y prend garde, amoindrir encore cette précieuse ressource réservée au recrutement de l'armée de mer; et parmi ces causes celle dont l'effet se fera le plus prochainement sentir, celle qui aura les conséquences les plus fâcheuses pour le commerce maritime, comme pour l'industrie et la navigation nationale, sera sans contredit la cessation de nos rapports avec tous les pays à sucre : l'existence de notre marine est donc intimement liée à la question des sucres.

Nous l'avons dit plus haut : si, dans ce débat, les colonies succombent, leurs relations cessent avec la métropole : il y a diminution de travail pour nos marins (au long cours et à la pêche), et partant décroissance notable dans le personnel des classes.

Si, bannissant la betterave de nos cultures, nous ne consommons que des sucres importés par des navires français, il y a surcroît d'emploi pour nos matelots et cause d'accroissement dans leur nombre ;

Enfin, si, adoptant un moyen de conciliation, on admet avec une égale faveur sur nos marchés les sucres des deux origines, les choses restent dans le même état : on éloigne une cause de ruine, mais on néglige en même temps un moyen de prospérité pour notre navigation, et l'on ajourne une question qui se représentera plus tard, plus grave, plus complexe, plus difficile à résoudre.

De telles considérations nous donnent le droit de conclure qu'il y a nécessité d'interdire une industrie qui ne saurait prospérer sans compromettre l'un des principaux éléments de la force nationale.

Encore un mot :

Dans ce pays, trop étranger aux choses de la mer, tout le monde ne voit pas que la question coloniale est aujourd'hui pour la marine française une question de vie ou de mort; tout le monde ne voit pas que la perte de nos colonies, dans les circonstances présentes, entraînerait certainement la ruine de notre force navale : c'est pourtant une vérité qui doit frapper tous les esprits.

Sans parler de tous les services rendus, rappellerons-nous ici qu'une armée de mer est nécessaire,

Pour la défense de nos côtes;

Pour la défense de cette partie du territoire français qu'on appelle *les colonies;*

Pour la protection d'un commerce maritime, qui s'élève a plus d'*un milliard.*

Dirons-nous que cette armée aura bientôt peut-être une grande mission à remplir, si le canon doit trancher un jour cette grande question d'Orient, dont jusqu'ici la diplomatie a pu ajourner le dénoûment?

Voilà les titres qui recommandent la marine à l'opinion : il convient de les reproduire dans le procès qui va s'ouvrir, il convient de faire voir à quel prix l'intérêt agricole peut triompher.

Interdira-t-on la fabrication du sucre indigène en France?

Lui sacrifiera-t-on à la fois notre puissance navale et nos colonies?

Voilà, selon nous, les questions à résoudre, questions qui, nous l'avons dit, se représenteront plus tard, et plus graves, et plus complexes, et plus difficiles à traiter, si on ne les aborde point aujourd'hui.

Il est temps de décider si nos possessions d'outre-mer, voyant rompre les derniers liens qui les attachaient à la métropole, doivent cesser d'être françaises.

Le moment est venu d'examiner si l'armée navale justifie par son utilité les dépenses dont elle est l'objet; le moment est venu de débattre à la tribune les conditions de son existence.

Disons, pour terminer, que la marine peu populaire en France, ne sera jamais ce qu'elle doit être, tout ce qu'elle doit être, tant qu'elle ne sera pas devenue une question nationale.

BIBLIOTHÈQUE ROYALE I

GOURBEYRE.

IMPRIMERIE ROYALE. — Mars 1839.

www.ingramcontent.com/pod-product-compliance
Lightning Source LLC
LaVergne TN
LVHW020521230826
846091LV00008BA/3506

* 9 7 8 2 0 1 9 9 5 5 5 3 3 *